Nachts, wenn ich nicht schlafen kann

Nachts, wenn ich nicht schlafen kann

Ein Gedankenwandler

von Willy Schulte

Bibliografische Information der Deutschen Nationalbibliothek:
Die Deutsche Nationalbibliothek verzeichnet diese Publikation in der Deutschen Nationalbibliografie; detaillierte bibliografische Daten sind im Internet über http://dnb.dnb.de abrufbar.

© 2023 Willy Schulte

Lektorat: Margret Schulte
Korrektorat: Margret Schulte
weitere Mitwirkende: Kai Schulte

Herstellung und Verlag: BoD – Books on Demand, Norderstedt
ISBN: 978-3-7460-6134-4

Vorwort

Wir erhalten bei unserer Geburt eine imaginäre,
riesengroße Kiste voller Möglichkeiten,
glücklich zu werden – eingepackt in reiner Liebe,
außerdem kostbare Lebenszeit und einen freien Willen,
mit dem wir Berge versetzen können...
...und sind manchmal über Jahre zu bequem,
die Kiste zu öffnen.

Ganz selten in der Nacht, wenn alle schlafen,
hebe ich den Deckel ein wenig an;
dabei passieren mir Gedichte, Gedanken und Sprüche,
von denen ich hier einige aufgeschrieben habe.

Inhalt

Zuhause

Ruhig und einsam diese Stunde,
still und befreit von allen Zwängen,
ahnt meine Seele deine Nähe
nur, weil ich jetzt nach Hause gehe.

Kostbar und zeitlos sind die Türen,
durch die mich Träume und Gedanken
begleiten und nach innen führen.
Danken verändert meinen Sinn
nur, weil ich jetzt zu Hause bin.

Freude atmet tiefe Ruhe
und lässt, wo grad noch dieses Drängen,
den stummen Schrei zum Lied erklingen.
Gelebtes Glück, Erinnerungen,
kristallklar, alles, was ich forme.

Fühl mich voll Freude, dir ganz nah,
nur, weil ich grad zu Hause war.

Zeitreise

Ich sitz auf dieser Erde,
die eine Kugel als Gestalt.
Sie dreht sich und ich werde
hier gar nicht angeschnallt.

Sie fliegt auch um die Sonne
einmal in einem Jahr –
war mit im dicksten Winter,
jetzt bin ich wieder da.

Wir zieh'n mit unsrer Galaxie
in unbekannte Weiten.
Wenn du das mal erleben willst,
kannst du mich ja begleiten.

So rauschen wir durch Raum und Zeit
mit Überschallgeschwindigkeit –
und es wird uns gelegentlich
auf dieser Reise schwindelig.

Manchmal da möcht ich bleiben,
da wo ich gerade bin.
Doch da kommt Raumschiff Erde
wohl nie mehr wieder hin.

Ich steh' auf dieser Erde
und frag' mich ganz verlegen:
„Entfern ich mich vom Schöpfer
oder geht's ihm jetzt entgegen?"

Male Deine Träume

Wir erhalten unsere Lebensjahre
wie eine leere, große Leinwand.

Male deine Träume
mit den Farben der Freude ...
dann erzähle uns,
wer dir in deinen Bildern begegnet ist.

Solange wir atmen

Solange wir atmen,
haben wir die Fähigkeit,
mit jedem Gedanken
und jeder Bewegung
unsere Wünsche und Träume
in Erlebnisse zu wandeln.

Du

Wenn es nicht dieses Staunen geben würde,
dass sich in drei Sekunden manchmal
eine Erklärung findet
für Fragen, die uns vorher monatelang
nicht schlafen ließen ...

Wenn deine Augen nicht mit einem Aufschlag
das Licht der Sterne sehen könnten,
dessen Weg Millionen Jahre brauchte,
um dich zu erreichen ...

Wenn es nicht diesen Raum in dir geben würde,
in dem sich deine Gedanken verstecken können,
dahin, wo ihnen niemand folgen kann ...

Wenn der Stoff, aus dem wir sind,
nicht von einem liebenden Schöpfer käme...

Wenn du nicht da wärst,
du, der mit mir Kummer und Freude teilt ...

dann könnte ich das alles nicht ertragen,
dann würde ich platzen wie eine schwebende
Seifenblase in der wärmenden Sonne.

Trude und der Regenzauber

Ich möchte, schon des Regens wegen,
mich wieder in die Kissen legen.
Im Wald der Dunst,
der Himmel trübe.
Die Farbe grau, die ich nicht liebe.
Der Ärger zieht auf gleiche Weise
um mein Befinden enge Kreise.

Da lächelt, grad aus dem Regal,
mein Schirm,
jetzt schon das zweite Mal
und flüstert: „Lass es weiter regnen –
wir beide wollten doch gemeinsam
der Regentrude, die sehr einsam,
ganz tief im Buchenwald begegnen."

Und ein Märchen, von ganz früher,
rückt meinem Herzen immer näher.
Und der warme Frühlingsschauer
wandelt diesen Frust in Freude.
Gehe wie durch eine Mauer
regentrinkend durch die Heide.
Fühle, wie sich alles wendet:
Dass der Regen Leben spendet.
Wie er gurgelt, plätschert, fließt.
über alles sich ergießt.

Der schwarze Boden atmet Leben,
und das Werden nimmt kein Ende.
Die Schwaden, noch gespenstisch eben,
berühren zärtlich meine Hände.

Auf dem Rückweg nach dem Regen,
geh' der Sonne ich entgegen.
Und die Regengeister sandten
tausend kleine Diamanten,
die an Blättern und an Zweigen
mir die Sonnenstrahlen zeigen.

Der Schirm, der noch in meiner Hand,
war in der Zeit nicht aufgespannt.
„Ein Mensch", denkt er, „der Kummer trägt,
hat häufig nur den Schirm verlegt".

Wie nah

Die durch ein gerade eingesetztes Teelicht leuchtende Laterne aus dem Orient steht in der Dämmerung auf unserem Kaminsims.

Die alte Wanduhr tickt ein wenig langsamer als sonst und der Kaffeeduft kriecht in die gemütlichste Ecke meiner unaufgeräumten Seele.

Es ist Samstag, nach Mittag.

Unsichtbare, kräftige Arme halten mich davon zurück, unerledigte Zusagen weiter, ohne Pause, zu regulieren.

Wem gehört die sanfte Stimme, die fast täglich so vertraut mit mir spricht, wenn niemand anderes zuhört, die mich zurückholt, wenn sich mein Körper zu weit über den Rand beugt – und mich auffängt, bevor ich ganz ohne Hoffnung bin?

Wie nah Du mir manchmal bist, Mutter.

Sternenlos

Sie ist dunkel
und scheint endlos
diese Nacht.
Ganz ohne Sterne,
eingeengt
und unbeweglich,
ohne Nähe
ohne Ferne.
Keine Zeit, die etwas ändert,
kein Geräusch kommt hier vorbei.
Grad so, als wenn ersehnte Stille
sich wandelt in gegossen Blei.
Der Traum vom Licht,
das sich verirrte,
bringt die Hoffnung mir zurück,
trägt den Morgen uns entgegen –
unbekanntes Lebensglück.
Neu ist jedes Atemholen,
neu, was man aus uns gemacht.
Die Freude zeigt sich wohl am schönsten
Nach einer solchen schwarzen Nacht.

Schmusereise

Störe sie nicht,
sie fliegt gerade
mit ihren Träumen zu den Sternen.
Da, wo keine Uhren warten,
wo die Wolken schweben lernen.

Mama, lass dein Baby schlafen;
Es kommt früh genug zurück.
Sein Lächeln
wird Geheimnis bleiben.
Spürst du nicht grad dein Mutterglück?

Leg zu den Erinnerungen
diese kurze Zeit der Stille.
Babyträume sind Momente
aus der Schöpfung Gabenfülle.

Rendezvous

Unbeherrscht und rau gebarend,
zerrt der Sturm an Dach und Fenster.
Nass und kalt ist diese Nacht,
finster ruft sie die Gespenster.

Ergiebig lange Regenschauer
wachsen an zu wilden Herden
und lassen drüben an der Mauer
das Rinnsal jäh zum Wildbach werden.

Bin bewegt von dieser Stärke
der sich verschwendenden Natur;
sehe des Schöpfers mächt'gen Werke
durch meines Fensters Scheibe nur.

Die Buche neigt die stolze Krone.
Was sie nur mit sich machen lässt?
Der Sturm wäscht ihr ihr Haupt zum Lohne;
fegt aus das trockene Geäst.

Längst vertraut, in wilder Umarmung
erleben die beiden das uralte Spiel.
Die Buche verlässt den Mantel der Tarnung,
weil er sie einfach so haben will.

Und plötzlich ist es wieder friedlich.
Die Sterne leuchten ohne Zahl.

Die Buche macht es sich gemütlich
und träumt jetzt schon vom nächsten Mal.

Ich denke, du könntest den Wind nicht hören –
er wäre gar nicht existent –
würd' lautlos seine Kraft verlieren,
wenn er nicht seine Liebste fänd.

Schon als kleines Buchenkind
spielt die Buche mit dem Wind
und wächst und bildet Widerstände,
nur wegen seiner rauen Hände.

Uns lehrt die Schule der Natur
auf eine ganz besond're Weise:
Bleib nicht hinter'm Fenster nur
auf deiner kurzen Lebensreise.

Es lebt nur jetzt und auch nur dann,
wer außer geben fordern kann –
und bei gewünschtem Standvermögen
bereit ist, sich auch anzulegen.

Refugium

Stahlgeschmiedet dringt die Hacke
in den steindurchsetzten Boden.
Vorgezeichnet sind die Gräben
für die Gründung nach dem Roden.

Spross hier nicht vor wen'gen Tagen
noch ein Wald mit seinen Schätzen?
Nun versuchen gelbe Bagger
Abflussrohre zu vernetzen.

Jetzt begehren junge Menschen
zwischen diesen hohen Bäumen
nur mit dem gezähmten Willen
ihren Lebenswunsch zu träumen.

Wohnung, Bleibe, Nest und Wärme,
Zukunft, Glück und Lebensfülle,
ist der Wunsch von Zwei'n, die einig,
die sich trauen in der Stille.

Zeitlos ist das Urvertrauen,
was dem Menschen zugedacht.
Mut macht uns die Schöpfernähe
nach jeder angsterfüllten Nacht.

Lehmdurchsetzter Schieferboden
Leistet harte Widerstände.

So gründen wir in dieser Erde
Stein um Stein des Hauses Wände.

Gestern lebten wir die Träume –
die, von Zukunft Glück und Licht.
Heute staunt mein Herz noch immer,
Erlebtes, das betrügt uns nicht.

Angst macht keinen Menschen glücklich,
auch nicht, wenn die Zeit vergeht.
„Vergangen", das gehört zum Leben.
Danken ist auch ein Gebet.

Morgengebet

Regen tropft, dem Herrn sei Dank,
Vernehmlich an die Scheibe.
Er trommelt auf die Fensterbank.
Ich lieg bei meinem Weibe.

Herr, mach, dass es nur weitergießt,
will nicht auf Sonne warten,
sonst müsste ich, wie zugesagt,
Wildkräuter zieh'n im Garten.

Danke

Danke für die Wärme, den Atem
und für das Licht des jungen Morgen.

Gib mir auch heute neu
diese Geduld zum Zuhören,
die Hände zum Helfen,
die Kraft, zu verzichten
und das Herz, zu verzeihen.

Ich wünsche mir auch heute
wieder die Augen,
mit denen ich hinter die Masken
bis in die Seele der Menschen sehen kann,
die ich liebe.
Dahin, wo ich ihre Ängste
und ihre Not entdecke.
Gib mir die Energie zu helfen
und zu ändern, was sie belastet.

Herr, schenke mir jeden Tag diese Liebe neu.

Zeitlos

Ich träume, wenn ich bete
von einer Gabenfülle,
von des Schöpfers Güte,
von dem Geschenk der Stille.

Ich bete, wenn ich träume,
dass viel zu groß die Gaben
und viel zu weit die Räume,
zu reichlich, was wir haben.

Jetzt möcht' ich nicht mehr träumen,
umarmt mich auch die Nacht.
Hilf, dass wir nichts versäumen,
wenn Teilen reicher macht.

Mondmanteltasche

Des Nachts, wenn uns die Sonne fehlt
und nur der Mond von ihr erzählt,
wenn, weil sie fehlt
uns dann im Dunkeln
geheimnisvoll die Sterne funkeln,
dann träumen Tom und die Luise
von einem zauberhaften Garten,
wo nahe einer Fehenwiese
die schönsten Märchen auf sie warten.

Sie träumen jetzt vom Schäfchen Zwolle,
was grad mit seiner Schäfchenwolle
und mit dem Brüderchen Batist
von Mami weggelaufen ist.

Zuhause, da wo sie geboren,
da gibt's den Schäfer Schnippelschnapp,
der hat die anderen geschoren,
macht allen ihre Wolle ab.

Doch für den Winter, diesen kalten,
da wollen Zwolle und Batist
ihre Wolle gern behalten,
die ja so warm und mollig ist.

Im Baum, da sitzen dicht bei dicht
zwei Raben, die weit hergekommen.
Rabenschwarz ist ihr Gesicht.

Statt sich behutsam anzuschnallen,
sind beide aus dem Nest gefallen,
und sie bedauern das jetzt sehr,
weil sie nun kein zuhause mehr.

Der Mond, das weiß doch jedes Kind,
mag nicht, wenn Tiere traurig sind.
Er streichelt sanft der Schäfchen Wolle,
streichelt der Raben Federkleid.
Er macht ganz hell den Zaubergarten
zu dieser nachtschlafenden Zeit.

Tom und Luise staunen sehr:
„Die Tiere fürchten sich nicht mehr."
Und sie hören, als sie fragen
den Mond die lieben Worte sagen:

„Einmal im Leben möchten Raben
Sternenglanz zum Spielen haben,
dass ihre schwarzen Federspitzen
im Sonnenglanz wie Sterne blitzen.
Auch kleine Schäfchen möchten fühlen,
mal mit den Schäfchenwolken spielen."

Und so klettern rische, rasche
die Schäfchen Zwolle und Batist
in des Mondes Manteltasche,
wo Platz für ihre Reise ist.

„Der Mond", sagt die Luise leise,
„geht jetzt auf seine Himmelsbahn.
Die Tiere geh'n mit ihm auf Reise
und kommen morgen wieder an."

Viel später stehen beide Kinder
zuhaus' am Fenster, nah am Garten.
Sie sehen dort die schwarzen Raben,
die im Salat auf Sonne warten.

Die Kinder staunen, denn schon wieder
glänzt auch von denen das Gefieder.
„Vielleicht", sagt die Luise leise,
„geh'n auch diese Rabenkinder
mal mit dem Mond auf Himmelsreise."

Batist und Zwolle, die zwei Lieben,
die höchstwahrscheinlich oben blieben,
sind als Schäfchenwolken droben
wohl am besten aufgehoben.

Mondlicht

Mondlicht versilbert die uralten Mauern.
Im Hof schließt der Bauer
das schützende Tor.
Ein Eulenpaar kuschelt
im Giebel der Scheune.
Der Kater huscht lautlos
in das nächtliche Moor.

Eine laue leichte Briese
erzählt von fernen fremden Weiten;
verlässt den Ort wie sie gekommen,
Unbekanntes zu begleiten.

Das Räderwerk der Turmuhr regt sich
und kündet jetzt die letzten Stunden.
Was war, ist heute festgeschrieben,
doch Träume dehnen die Sekunden.

Des Hauses Tochter weiß, im Garten
wird jetzt der Christian auf sie warten –
und im Finstern greift sie munter
in das Spalier
die Hauswand runter.
Teils schwebt sie,
teils geht sie verhalten
durch Gebüsch und Baumgestalten;
barfuss, nur im Nachtgeschmeide –
ein Hauch in Weiß aus reiner Seide.

Der Bauer, der ein herzlich Frauchen,
mag nicht im Haus
sein Pfeifchen rauchen,
sitzt draußen jetzt,
- dem Herrn sei Dank –
zufrieden auf der Gartenbank.

Und während sich Herz und Gedanken
um Neues und Vergang'nes ranken,
erlebt er jetzt nach seiner Meinung
eine himmlische Erscheinung.

Engelsgleich sieht er soeben
sein Weib, schlank wie vor vielen Jahren
leis' durch Nacht und Garten schweben.
So wie die Augen sie gefunden
war die Gestalt auch schon verschwunden.

Überwältigt vom Geschehen,
möchte er jetzt nach innen gehen
und sich außerdem beeilen,
das Erlebte mitzuteilen.

„Stall und Mist," denkt er gelassen,
„sind real und anzufassen.
Doch einen Geist, der grad auf Reisen,
ist so leicht nicht zu beweisen."

So beschließt er unverzüglich,
weil das Erklären ihm nicht möglich,
die Version der Feengestalten
für sich alleine zu behalten.

Bauer Heinrich, der verwandelt,
jetzt nur noch nach Gefühlen handelt,
bemüht sich, um danach vor allen
seiner Lisa zu gefallen.

Lisa, die nun schon seit Jahren
von Erinnerungen lebt,
muss in Sekunden nur erfahren,
dass Heinrich nach Erfüllung strebt.

Überwältigt von dem Feuer
seiner plötzlichen Begierde
denkt sie, dass sich das Beten lohne,
wenn er nur öfter kosen würde.

Morgens beim Frühstück
schon beizeiten,
tauscht das Trio Höflichkeiten.
Und jeder denkt und überlegt,
dass er nur ein Geheimnis hegt.

Silberne Mondscheinzärtlichkeiten
sind Herzensangelegenheiten.

Meine Enkelkinder

Zu wissen,
     dass sie hoffen dürfen,
     staunen können,
     lieben wollen,
     vertrauen spüren,
     überwinden wollen,
     aushalten,
     verzeihen
     und helfen möchten,
Dass sie wissen,
     dass Geben, Verschenken
     und sich Zuwenden
     die Seele groß und reich macht;

Das würde mein altes Herz
in einen Tempel verwandeln,
und meine Sinne würden
den Himmel berühren.

Libelle

Niemand wartet
Niemand stört mich
Aus den Augen
Aus dem Sinn
Liege zwischen Gänseblümchen,
wer weiß schon,
dass ich selig bin.

Die Drossel singt aus Übermut
die Melodie der Freude.
Eine einz'ge kleine Wolke,
so ganz aus reiner Seide,
nur für diesen Augenblick
am Himmel – weiß wie Kreide.

Die Hummel und der Papillon
besuchen Mohn und Nelken.
Ihr Rendezvous ist Herzenswunsch,
sonst würden Blumen vor der Frucht
schon auf den Halmen welken.

Die Sonne küsst die zarten Flügel
der grad geborenen Libelle.
Nur ihr Mantel bleibt verlassen
am Rohr zurück als leere Hülle.

Ein Traum,
ihr Schweben zu erleben,
so majestätisch abzuheben.
Woher kommt ihre Geisteskraft,
wenn sie den ersten Senkrechtstart
ganz ohne Vorbereitung schafft?

Wer schenkte nur die Visionen,
die diesem Wesen innewohnen?
Wer lässt solche Wunder starten
aus meinem Brunnen hier im Garten?

Niemand weiß es
Niemand stört sie.
Es ist ihre heil'ge Stille.
Leben ist der Schöpfung Wille.

Ich verlass' die Gänseblümchen.
Am liebsten nähm' ich alle mit,
denn sie lieben Sonnenstrahlen
nur bis zum nächsten Rasenschnitt.

Leben, wenn ich recht bedenk,
ist – von ganz oben – ein Geschenk.

Im Garten

Nur für eine kurze Dauer
zeigt mir die Knospe was verborgen
an diesem neu geschenkten Morgen:
ein Wunder an der Gartenmauer.

Es ist der Charme der jungen Blüten,
der Ort, die Zeit, die laue Luft,
die Hummeln, die sich fleißig mühten.
Es ist das Werden und der Duft.

Und mit den Schwalben steigen Träume
in das von Licht getrag'ne Blau,
erreichen unbekannte Räume;
jung wie der frische Morgentau.

Ohne Hast, Verhalten, Stille,
berühren wir Erinnerungen.
Erleben diese Lebensfülle
als wenn ein Engel sie besungen.

Nur für eine kurze Dauer
gab's dieses Wunder an der Mauer.
Träume im Garten, wie ich meine,
sind selten wie die Edelsteine.

Wenn

Wenn wir zuhören
hinschauen
fühlen
helfen
staunen
und danken
haben wir kaum noch Zeit
uns zu sorgen.

Freie Hände

Warte,
wenn ich alles vergeben
und alles verschenkt habe,
dann habe ich endlich beide Hände frei,
um dich zu umarmen.

Das Geschenk der menschlichen Würde

Ich glaube an das Geschenk der menschlichen Würde
und die ursprüngliche Kraft der Liebe,
mit denen jeder Neugeborene ausgestattet ist.

Ich wünsche jedem Menschen das unersetzliche Glück
eines von Herzlichkeit und Freude
gelenkten Elternhauses.

Ich bin dankbar für den kleinsten Edelstein,
den sich der alte Mensch
von diesem persönlichen Schatz bewahrt,
oder ihn in Zufriedenheit gewandelt hat.

Herbstfarben

Kleiner Rabe, gute Seele,
Bote aus der Ewigkeit.
Jährlich kommst du mich besuchen
mit dem Konto „Lebenszeit".

Spürst du's?
Die Jahre werden kürzer –
Bist viel schneller wieder da.
Mich fröstelt's herbstlich – schon im Sommer,
wo grad noch diese Wärme war.

Als Kind schien mir das Jetzt unendlich.
Da gab's das Leben sternenweit
Im Staunen war ich unersättlich
in meiner Märchensommerzeit.

Die Freuden dehnten die Sekunden-
Zeitlos war die Geborgenheit.
Kinderträume, die umarmten
kamen aus der Ewigkeit.

Leg jetzt das neue Jahr behutsam
in mein Regal der Zärtlichkeiten.
Nicht so nah zum Streit, zum Ärger,
weil die den Raub der Zeit begleiten.

Ich spann die Zukunft wie ein Leinen
auf meine Lebensstaffelei-
Ein Jahr – ganz ohne Grund und Farbe –
als ging das Dasein nie vorbei.

Es sind die Farben meiner Träume.
die mich das Leben lieben lehren.
Möcht' jetzt nicht die Zeit versäumen,
wenn grad die Musen mich beehren.

Mit der Freude lässt sich malen,
auch mit der Lust und mit dem Glück.
Mit Hoffnung mal ich Perspektiven.
Mit Liebe kommt die Zeit zurück.

Jetzt zähl' ich 70 Stufen
auf meiner schlanken Lebensleiter.
Hat da ganz oben wer gerufen?
oder geht's jetzt nicht mehr weiter?

Kleiner Rabe,
was ich habe
muss ich in Kürze weitergeben.
Lass mich noch ein wenig malen
nur um zu danken für das Leben.

Der Rabe denkt, mach weiter so.
Das Leben ist ein Risiko,
denn – gestern hieß das Heute morgen.
Morgen ist eine andere Zeit,
und in ein paar schönen Tagen
ist Morgen schon Vergangenheit.

Halbdunkel

Sie sind alle fortgegangen,
jeder seinen eig'nen Weg.
Grad noch war das Haus voll Freude.
Licht fällt auf den leeren Steg.

Nur der Mond hinter den Zweigen
zeigt sein weises Angesicht.
Ich möcht es dir jetzt nicht verschweigen,
dass, wenn du lauschst, er mit dir spricht.

Geheimnisvoll ist diese Stille.
Ich trinke Nacht und Einsamkeit –
Die Ruhe gibt mir Kraft und Wille
für neue unbekannte Zeit.

Zeit zu träumen und zu staunen,
Zeit zu danken und verzeih'n,
zu erleben und zu lieben,
Zeit als das Geschenk zu sein.

Jetzt können alle wiederkommen
über den bekannten Steg.
Bin ganz vom stillen Glück benommen,
von dieser Stunde „Lebensweg".

Geisterrunde

Der Sender meldet gerade Stau,
rund 17 Kilometer.
Zuhause wartet meine Frau,
es wird wohl etwas später.

Vom Rastplatz aus seh ich ein Dorf,
am Dorfrand eine Bank.
Hier sitz' ich mit geschenkter Zeit
zufrieden – Gott sei Dank.

Wie Ruh' und Muße dann gekommen
und sich der Stille zugesellt,
erzählt der Wind von seinem Schöpfer
und warum er uns herbestellt.

Kristallklar, wie Juwelen,
hör ich ihn jetzt erzählen:

„Mit jedem Herzschlag, der geschenkt,
von uns empfangen und gelenkt,
wird Nehmen, Geben, Hassen, Lieben,
nach dem Erleben festgeschrieben.

Du spürst, dass das, was du getan,
nicht mehr verändert werden kann.
Nur die Zeit, die dir noch bleibt,
ist eine große Kostbarkeit.
Geheimnisvoll, sie zu verwalten,
mit dir die Zukunft zu gestalten."

Ich nehm' mir aus der Zeiten Truhe
eine Stunde Zweisamkeit,
10 Minuten Einverständnis
und einen Tag Geborgenheit.
Sekunden, Böses zu vergessen,
Minuten, Fehler zu verzeih'n.
Jahre brauche ich, zu staunen,
bin dankbar, für dich da zu sein

Nach durchträumter Wartestunde
ausgeruht und startbereit,
verlässt mich diese Geisterstunde,
Besuche aus der Ewigkeit.

Gedankennest

Mein Haus hat ganz versteckt ein Zimmer,
unaufgeräumt, gemütlich warm.
Da warten Lebensglück und Kummer
geduldig auf mich – Arm in Arm.

Da liegen Wünsche im Regal
und Tagebücher mit Gedichten
der mir passierten Kurzgeschichten.
Die schönsten Träume ohne Zahl.

Hier steht der Rotwein – das ist nett
still hinter einem Bücherbrett,
und auf dem alten Schaukelstuhl
mit durchgestoß'nen Federkernen,
fühl ich mich unanständig wohl,
seh in die Nacht mit ihren Sternen.

Da steht das Ja, nicht ein Vielleicht,
und dort das Nein, ganz ohne wenn,
was jeweils zur Entscheidung reicht,
nicht ein Aber, kein „Sei denn".

Ansonsten wird der Raum gemieden
oder einfach überseh'n.
Hier find' ich meinen Seelenfrieden,
muss niemandem im Wege steh'n.

Das Zimmer der geschenkten Zeit
berührt ganz friedlich meine Seele.
Die Flucht in diese Einsamkeit
beglückt, weil sonst niemand bemerkt,
wenn ich die schönsten Stunden zähle.

Und meine Geister, die mich riefen,
die mein Erleben so vertiefen,
versprechen, dass ich ab und an
zum Träumen wiederkommen kann.

Ist einmal dieser Raum verschlossen
und mein Becher leer getrunken,
möcht ich, wie sonst meine Gedanken,
zu einem Stern mit Zimmer fliegen.
Möchte danken für die Zeit, das Sein,
für Kerzenlicht und roten Wein.

Sondern erlöse uns

Gib mir noch einmal das Vertrauen zurück,
das ich vor Jahren achtlos verlegt habe.

Ich suche wie ein Blinder deine Hand.
Wie Gewichte zerren meine Ansprüche, Wünsche,
Erworbenes, Gier und Bequemlichkeiten an meiner
Seele.
Besitzansprüche, Privilegien und erwartete
Berechtigungen
sind fast unüberwindliche Mauern,
mit denen ich mir selbst den Zugang zu Dir,
mein Schöpfer, verbaut habe.
Ich habe das innige Beten verlernt.

Vielleicht erhalte ich noch einmal deine wunderbaren
Werkzeuge:
Verzicht und Vergebung, das Wort „Nein", die Freude
am Schenken,
die Freiheit der uneingeschränkten Liebe zu den
Menschen.
Verzeih mir, dass ich mich verlaufen habe!

... so auch auf Erden....

Ich finde in meinen Tagebüchern insgesamt 305 Euro.
Irgendwann da rein gepackt, irgendwann vergessen.
Ich finde in meinem Innern viel Gerümpel,
und wenn ich gründlich nachsehe, viele längst
vergessene Schätze.
Wie lange, Herr, lässt du mir noch Zeit,
diese Kostbarkeiten zu entrümpeln?
Für wie viele Geschenke habe ich mich nicht bedankt?
Wie viele Besonderheiten habe ich nicht entgegen
genommen?
    Niemand kann auf Dauer ungestraft im
Schlaraffenland wohnen
        und die anderen da draußen erfrieren lassen.
        Verzeih mir!

Ganz selten

Ganz selten
so zwischen Tag und Traum
nur mit einem Strauß
erlesener Erinnerungen
will ich
meinen geheimsten Wünschen
begegnen

Schwerelos
wie die ewige Melodie der Sterne
Zeitlos in einer Sekunde
der Ewigkeit
Allein
nachts, wenn ich nicht schlafen kann

Frühjahrsputz

Es passiert bei
schlechtem Wetter,
dass ich in meine Seele kletter.
Im Innern dieser Räumlichkeiten
versuch ich mich dann auszubreiten.

Entgegen dem
wie ich's erträumt,
war diesmal gar nicht aufgeräumt.
Da lagen Vorsatz, Plan und Schwur
ganz unerledigt auf dem Flur.

Die mir selbst auferlegte Pflicht,
eint sich mit meinem Ego nicht.

Mein Ja, mein Nein,
sonst aus Granit,
jetzt butterweich wie Schokosplitt,
nagen seit geraumer Zeit
an meiner Zuverlässigkeit

Mein Gott,
ganz sauber, Stück für Stück,
leg ich behutsam die Juwelen
nun einzeln in ihr Fach zurück

Niemand wird mir die Nerven rauben,
den Dank, die Liebe abzustauben.
Ich polier sie – reparier sie.
Ich teste, prüfe und probier sie.

Es tut so gut,
daran zu denken,
Güte und Freude zu verschenken.

Hab ich vergessen – nicht bedacht,
dass uns Verschenken reicher macht?

Inzwischen scheint die Frühlingssonne.
Komm ungelenk, doch froh zurück.
Vorbei an Diogenes Tonne,
Sein zu erleben – Stück für Stück.

Die Nacht der Glühwürmchen

Zwischen meiner Buchenhecke
und den nahen Waldrandbirken
wohnen Stille, Zeit und Ruhe,
die der Hast entgegenwirken.

Wenn sich die Nachbarn schlafen legen
und die Schatten uns berühren
und in lauen Julinächten
deine Sinne dich verführen,
suchen Käfer mit Laternen
ihre Liebste zwischen Bäumen,
so, dass die hundert kleinen Lichter
mich verführen, mit zu träumen.

Bin für diese Zeit gefangen,
nur die Schöpfung zu erleben.
Eh' ich von hier fortgegangen,
möcht ich das Staunen weitergeben.

Es wird nichts besser machen

Es wird nichts besser machen,
wenn du jemandem davon erzählst,
dass die Tautropfen im Gegenlicht
wie kleine Diamanten an den Zweigen hingen.
Dass es ja bald niemand,
auch du nicht, bemerkt hätte –
diese Ruhe in der Frühe.
Alles war für eine kurze Zeit vergoldet
von dem Licht –
und dass die Luft an der frischen Quelle
nicht besser sein konnte,
wolltest du noch erwähnen.

Das war dein Erlebnis.
Du wirst vergessen, wann das war,
aber nicht, wie es dich berührt hat.

Ja

Es stürmt draußen.
Wir sind alle hinter Glas.

Aber wenn wir nicht vor die Tür gehen, erhalten wir das
Leben nur gefiltert – aus zweiter Hand;
sozusagen püriert.
Wenn wir nicht über die Banden steigen, nicht versuchen
den Gipfel zu erreichen, nicht bis auf den Grund
tauchen, den Atem eine Weile anhalten, dann sterben
wir, ohne richtig gelebt zu haben.

Herr Gott, verzeih mir meine verzweifelnde Angst,
diese Unentschlossenheit, das Misstrauen, den Neid und
meinen Jammer.

Wenn ich dieses „Ja" wiederfinde, das du mir vor langer
Zeit gegeben hast,
dann werde ich es sorgfältig abstauben, polieren und bei
mir tragen.
Bis wir uns wieder begegnen.

Der Rabe im Apfelbaum

Müde bin ich,
es ist Abend.
Still ist meine Lagerstatt.
Ängstlich frag ich meine Seele,
was mich so verändert hat.

Grad' schließ ich die Augenlieder,
da kommt der Vorwurf auf mein Kissen
und erzählt vom „leisten müssen"
und belastet mein Gewissen
In der Stille leben Ängste,
reich an Formen und Facetten.
die aus Gier entstand'ne Wünsche
planlos aneinander ketten.

Unvernunft und Widerwillen
werfen ihre grauen Schatten,
gebären sich in meinem Innern
wie nicht satt geword'ne Ratten.

Mein Bauch verlangt des Inhalts wegen
mich einmal ganz nachts rechts zu legen.
So wendet sich der trübe Sinn
mit dem Gefühl zur Ruhe hin.

Und, flugs verwandelt mich ein Traum
in einen alten Apfelbaum
voll junger weißer Blüten.

Tief in das Erdreich greifen Wurzeln,
die satt den Saft des Lebens trinken,
und sie fühlen dieses Geben,
und sie spüren das Behüten.
Die Krone verschwendet getrunkene Freude.
Wind flüstert den Blättern sein ewiges Lied.
Regen taucht mich in ein Meer von Gefühlen –
erlebe in mir wie das Leben geschieht:

Das wir geben, trösten, beten,
lieben können und behüten;
können danken, wenn wir gehen
für den Schatz der jungen Blüten.

Aus der Stille kam ein Rabe,
ein mir nicht unbekannter Gast;
der, weil er zu berichten habe,
verkündet stolz von meinem Ast:

„Ich fress, was achtlos du verlegt,
den Neid, die Angst, die dich besessen,
nur, weil du grade losgelassen,
fraß alles, was dich aufgeregt."

„Mir dreht sich jetzt der Rabenmagen,"
sprach weiter dieser schwarze Gast.
„Nur, ich kann Kummer gut vertragen,
wenn er sich nicht mit mir befasst."

Der Schwarze dehnt die Schwingen wieder
und fliegt in rätselhafte Ferne.
Ich sah ihm nach, ich tat es gerne
im fahlen Licht der ew'gen Sterne.

Bin ich einmal wieder traurig,
ruf ich meinen Raben eben.
Du kannst mit einer dunklen Seele
nicht ohne echte Freunde leben.

Nachbars Kirschen

Langsam geht er durch die Gassen,
fremd in seiner eignen Stadt,
die ihn stolz und wohlbehütet
vor langer Zeit geboren hat.

Hoffnungslos aus seiner Sicht
macht dieser Stau die Straßen dicht.
Doch der Zufall auf der Reise
ist ein Gewürz der Lebensweise

Tausend Masken hasten, streben
unerkannt an ihm vorbei.
In ihren Blicken stumme Schreie
als wenn schon morgen unser Globus
auf dem Weg zur Hölle sei.

Andere Klänge, neue Lieder.
Zeit verändert Herz und Haar.
„Warum kommst du jetzt erst wieder,
suchst, was längst vergessen war?"

Nah dem stillen Klostergarten
gibt's noch den Weg zur alten Schule,
wo Karl und Ruth – so war es früher –
auf ihn gewartet bei der Mühle.

Unaufdringlich zeigen grade
alte Sockelmauerreste
ihr Gesicht, versteckt in Farbe,
vertraut die Formen einer Büste.
Funktionslos, überwachsen
war schon früher diese Mauer.
„Saßest du nicht mit der Schleuder
hier im Garten auf der Lauer?"

Zwei Tornister steh'n am Gatter.
Zwei Bengel sitzen hoch im Baum
Kirschen locken, so wie früher
hinter Nachbars Spriegelzaun.

„Gibt's den Nachbarn denn noch immer
und sein herzlich Frauenzimmer.
Sind es die zwei, die jetzt so tun,
als hätten sie die Kirschendiebe
in ihrem Kirschbaum nicht geseh'n?"

Nein, es ist Karl,
der Sohn der Alten,
die längst ihr Zeitliches gesegnet.
Ja, es ist Karl - mit Ruth - im Garten,
die auf die Sonnenstrahlen warten.
„Haben denn die zwei Gestalten
ihren Liebesschwur gehalten?
Hat Ruth mir damals nicht geglaubt,
dass sie mir den Verstand geraubt?"

Unbemerkt und ganz verschwiegen
zieht der Besucher sich zurück.
Der Wagen wartet an der Parkuhr.
„Sah Ruth ihn einen Augenblick?"

Schön, wenn ein Herz sich dann und wann
so kirschensüß erinnern kann.
Im Zauber der Erinnerungen
träumt mancher wie ein Kind.
Wie schön, wenn Kinderträume
nach vielen ungezählten Jahren
so frei sind wie der Sommerwind.

Der Besucher

Zeiten, die ich ganz verstohlen
nutze, um mich zu erholen,
sind haltbar, wenn ich sie in Zeilen
bereit bin, andern mitzuteilen.
Allein bei Wein und Kerzenlicht,
ein leeres Blatt für ein Gedicht,
um gespannt mit heißen Wangen
Gedankenspiele einzufangen.

Ganz leise summt, erst noch versteckt,
ein klitzekleines Nachtobjekt.
Verärgert wollte ich soeben
dem Störenfried das Leben nehmen,
da landet, vielleicht um zu lesen,
dieses kleine Lebewesen
auf meinem Blatt, wo ich besonnen,
grad erst mit dem Gedicht begonnen.

Formvollendet zieht das Wesen
seine vorbestimmte Spur.
Ausgestattet mit den Gaben
Gottes herrlicher Natur.
Behutsam nehme ich die Gläser
meiner alten, schweren Brille,
um vergrößert zu betrachten,
dieses Wunder in der Stille.

So plötzlich, wie er angekommen,
fliegt mein Besucher in die Nacht.
Ich lösch die Kerze ganz beklommen.
Bin dankbar, dass ich nachgedacht.

Osternacht

Tausend Menschen
um gemeinsam zu schweigen.
Nachtschwarze, erwartungsvolle,
erhabene Stille:
Osternacht in Königsmünster.

Gedanken,
die mühelos durch Mauern und
Balken,
durch geschlossene Wände,
Dach und Fenster
den Innenraum verlassen.
Jeder Gedanke mit anderem Ziel.

Und dann dieses Hoffen,
dass es gleich heller wird,
wärmer,
dass da einer ist, der aufsteht,
dass sie alle in seinem Namen
gekommen sind.

Das Hoffen richtet alle Augen auf den schwachen
Widerschein
des gerade entfachten Feuers im Hof,
das den sich verändernden Schatten
des Kreuzes
auf die rote Ziegelwand der Apsis zeichnet.
Und wie von selbst erreicht uns das Osterlicht.

Und zwischen dem Feuer im Hof
und dem Leuchten der eigenen Kerze,
da war dieses Ahnen der Schöpfernähe,
diese Zeit ohne Angst,
die Einzigartigkeit einer mir
unvergesslichen Osternacht.

Das Blatt...

... als wenn der Sommer schon gegangen,
obwohl der Herbst noch gar nicht hier.
Im Dunst sind Wald und Tal verhangen
- grad so, als wenn man uns vergessen -
und niemand kann so recht dafür.

Ganz still in dieser Dämmerstunde
löst zwanglos das gefärbte Blatt
die so vertrauensvolle Bindung,
die Blatt und Zweig gebunden hat.

... und aus der hohen, stolzen Krone
schwebt wie von Geisterhand getragen,
das formvollendete Gebilde
zum Staub – wo die Vergang'nen lagen.

Ich greif das Blatt
als wenn ich stehle.
Begeistert von Gestalt und Farben
berührt es heimlich meine Seele –
möcht es für mich als Schatz vergraben.

Das Leben gibt mir zu verstehen,
dass Schönheit mit der Zeit verrinnt,
dass Glück und Freude schnell vergehen,
und wir nur Teil der Freude sind.

Jetzt färben sich die and'ren Blätter
vom Baum, vom Wald, vom ganzen Land.
Herbst ist, wenn alles sich verändert;
nicht nur das Blatt in meiner Hand.

Abendgebet

Bleib, großer Gott, in meiner Nähe.
wenn ich zu meinen Träumen gehe,
in dieser sternenlosen Nacht.

Mir bangt,
weil Herz und Hände spüren,
dass wir die Glaubenskraft verlieren,
die du uns einmal zugedacht.

Mir bangt,
weile meine beiden Augen
die Not der Nächsten übersehen.
Gib, dass sie dazu wieder taugen,
beherzt auf andre zuzugehen.

Schenk mir wieder dieses Hoffen.
Gib uns deine Zuversicht.
Bewahr uns Kraft.
Mach uns betroffen,
wenn niemand mehr von Liebe spricht.

Wie tröstlich, dass wir danken können
und dass Verzeihen heilen mag;
Wünsch mir, dass du in meiner Nähe
jetzt und an jedem neuen Tag.

Das Augenpaar

Schließ mal die Augen eine Weile
Denk Dir, es ist tiefe Nacht
Denk Dir, tausend Sterne funkeln
und Du hast Deine müden Augen
einfach nicht mehr aufgemacht

Keine Sterne keine Farben
keine Sonne und kein Licht
wunderbare Gottesgaben
und Du siehst sie einfach nicht

Läg' Dir die ganze Welt zu Füßen
und wär' es wie im Märchenland
Ohne Deine Argusaugen
bliebe Dir alles unbekannt

Welche Weite welcher Abgrund
trennt uns von der Grausamkeit?
Nicht zu sehen was vorhanden
blind zu sein in uns'rer Zeit

Öffne jetzt die Augen wieder
Denk Dir, dass wir reich beschenkt
Denk Dir, wir sollten bald erkennen
dass da jemand an uns denkt

Augen, das sind die Juwelen
die uns lähmen
wenn sie fehlen

Dankbarkeit wär' angebracht,
wenn man darüber nachgedacht.

Am Kaminfeuer

Kaum hörbar knistert jetzt das Feuer;
die alte Wanduhr zählt die Zeit.
Draußen zaubern Wind und Wolken
ein bizarres Winterkleid.

Mein Enkel ist mit seinen Schafen
aus Opas großer Märchentruhe,
träumend und mit einem Lächeln
in meinen Armen eingeschlafen.

Kinderträume können fliegen,
in Fernen, die wir nie erreichen.
In dieser Zeit, so ganz verschwiegen,
sind sie mit Engeln zu vergleichen.

Mir wird die Stunde, die wir träumen
unwiderruflich zum Geschenk.
Genieße diese Zeit der Stille,
wenn ich an *meine* Kindheit denk.

An einem neu geschenkten Morgen

Herr, lass vergessen, was mich quälte.
Vergeben dem, der mich gekränkt.
Lass tragen mich, was ich nicht ändern,
nicht lösen kann, wenn Schmerz geschenkt.

Wenn Höhen und Tiefen, Gedanken und Träume
durch unermessliche Weiten mich treiben,
wenn Ängste und Zweifel in schwarzen Nächten
mich zerren in fremde Gewalten und Räume,
dann schenk mir wieder dieses Ahnen,
dass ich nach Hause kommen kann.
Dann zieh mich ganz in deine Nähe, weit weg
von Überfluss und Wahn.

Und dann ein bunter Schmetterling

Das Portal der Kathedrale
fällt wie von Geisterhand ins Schloss.
Kaum merklich und so ganz behutsam
lässt mich Hast und Trubel los.

Getrennt durch meterdicke Mauern,
jenseits vom Lärm der großen Stadt,
umfängt mich hoheitsvolle Stille,
als wenn sie mich erwartet hat.

Im Schimmer bleiverglaster Fenster
tanzen vereinzelt Sonnenstrahlen,
die die vom Wind bewegten Zweige
gespenstisch auf den Boden malen.

Draußen auf den Kirchenstufen
warten Ängste, die mich rufen,
die bis hierher ich getragen,
die sich nicht nach innen wagen.

Die Säulen ziehen die Gedanken
vom Fundament zum Kapitel.
Was unten starr und unbeweglich,
ist im Zenit der Glaslaterne
unbeschwert und gleißend hell.

Der Zufall, hab ich grad' gespürt,
hat mich wohl hier hereingeführt –
oder suchte nur mein Wille
diese nahe Schöpferstille.

Erst als ich dann die Augen schließe
auf der harten Kirchenbank,
spüre ich der Ahnen Nähe
und ihren ewigen Gesang.

Nur Gedanken können wandern
durch vergang'ne Ewigkeiten,
und sie können mit dir fliegen
zu Träumen, die noch vor uns liegen,
in ferne, unbekannte Zeiten.

Ich kann das Kommen und das Gehen
jetzt mit geschloss'nen Augen sehen.
Und der Erbauer dieser Hallen
erschließt mir, was dereinst geschehen.
Er erläutert meine Fragen,
und ich hör ihn ruhig sagen:

„Mein Freund, vor den erhab'nen Werken
stand einst das Staunen und Erkennen
und die Achtung vor der Schöpfung –
Da war ein Traum vor dem Beginnen.

Da war das Rufen und das Hoffen
ganzer Völker auf Erbarmen.
Da war das Danken für das Leben
der Beschenkten und der Armen."

Ich vergesse, dass ich träume
und erlebe das Gestalten.
Ich bestaune diese Räume,
die durch einen tiefen Glauben
steingeword'ne Form erhalten.

Die Kathedrale ist jetzt Hülle
der vergang'nen Lebensfülle.
Altar und Raum sind seelenleer.
Selbst Mutter Schulze kommt nicht mehr.

Die Figur von dem Erbauer
ist jetzt versteinert wie die Mauer.
Der Herrgott, der sonst so umworben,
ist wohl irgendwann gestorben.

Jetzt erreiche ich die Stufen,
auf denen brav die Ängste warten.
Mein Herz fühlt sich von Gott verlassen
seelenlos im Schildergarten.

.. und dann, ein bunter Schmetterling
am Nektar einer Gartenblume,
unkaschiert, naturbelassen,
am Stadtrand
nah den Schrebergassen.

Auf seinen Flügeln les' ich „Hoffnung",
so vom Schöpfer selbst geschrieben.
Herr Gott lass uns Menschen hoffen.
Die Hoffnung fehlt sonst, wenn wir lieben.

Man kann vielleicht die Lebenswerke
und die Wunder, die geschehen,
erst, wenn wir blind sind, richtig sehen.

Es reicht zum Träumen Gott sei Dank
nur eine kleine Gartenbank –
Es reicht ein Mensch in deiner Nähe,
der zuhört und sagt: „Ich verstehe."